단순한 진리
하나만 얻으라

(제1권 : 회복편)

윤효석 지음

북트리

단순한 진리 하나만 얻으라

초판 1쇄 인쇄 2025년 02월 27일
초판 1쇄 발행 2025년 03월 14일

지은이 윤효석
펴낸이 김지홍
디자인 최이서

펴낸곳 도서출판 북트리
주소 서울시 금천구 서부샛길 606 30층
등록 2016년 10월 24일 제2016-000071호
전화 0505-300-3158
팩스 0303-3445-3158
이메일 booktree11@naver.com
홈페이지 www.booktree11.co.kr

가격 10,000원
ISBN 979-11-6467-179-3 (03230)

- 이 책은 저작권에 등록된 도서로 저작권법에 따라 무단전재 및 복제와 인용을 금지합니다.
- 이 책 내용의 전부 및 일부를 이용하려면 저작권자와 도서출판 북트리의 서면동의를 받아야 합니다.
- 잘못된 책은 구입하신 서점에서 바꾸어 드립니다.

단순한 진리
하나만 얻으라

(제1권 : 회복편)

윤효석 지음

북트리

| 목차 |

프롤로그

방황할지라도 절대로 망가지지는 말라.　　　　　… 7

1부 회복을 위한 제안

1. 당신이 이기적이어도 이해되는 이유 : 내게 온 편지　… 13
2. 방향을 잃었을 때 : 가만히 있어 보라　　　　　… 19
3. 죽고 싶은 마음이 드는 이유 : 판단이 오염되었다.　… 23
4. 여전히 최악이라고 생각한다면 :
　　"내가 아무것도 모른다는 것을 알라"　　　　… 31

2부 세상을 이기는 지혜

5. 우울함을 이기는 한 가지 진리 : '배움' ··· 38
6. 고난을 이겨야 한다면 : 최고의 가성비 '잠'으로 이겨라. ··· 44
7. 인간에 대한 이해 : 심술궂게 되어버린 인간 ··· 49
8. 삶을 지탱하는 방식 :
   미니멀 메이커(minimal maker)가 되라. ··· 56

3부 미래를 위한 제안

9. 내일을 잘 사는 방법 : 오늘 깨끗하여지라 ··· 66
10. 아름다운 인생을 원하는가? : 건강에 초점을 맞추라 ··· 71
11. 하나님과 친구가 되는 방법 : 믿음으로 걷더라 ··· 77

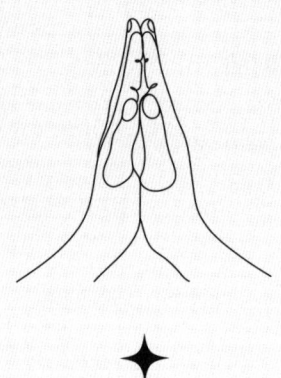

프롤로그

✦ 방황할지라도 절대로 망가지지는 말라.

한국의 섬 제주에는 아름다운 올레길이 조성되어 있다. 개인적으로 혼자 제주 올레길을 걷는 사람들은 사는 것이 힘들어 방황한다고 생각했다. 하지만 혼자 걷기를 좋아하는 아내는 기분이 나쁘다는 듯 나에게 이렇게 말했다.

"아니에요. 방황하는 것이 아니라 이미 힘을 내고 매일 새로운 길에 도전하고 있는 거예요. 그들을 만나보면 대부분 밝은 사람들이고, 인사도 잘하시고 기대감을 가지고 아침 일찍부터 마음먹고 움직이는 사람들이에요. 죽으려는 사람들이 아니라고요."

사실은 걷지 않는 내가 혼자 걸으려는 자들을 비판하고 싶은 것이었다. 홀로 걷는 사람들은 나락에 빠진 사람들이 아니다. 건강한 자신의 에너지를 다시 확인하기 위해 매일 새로운 길을 시작하는 것이다. 이들은 걷고 또 걸으면서 코스마다 '도착 스탬프'를 찍는다고 한다. 완주에 성공한 사람들은 서귀포에 있는 여행자 센터에서 '제주 올레 완주증서와 기념 메달'을 받을 수 있다. 인간은 그렇게 약하지 않다. 설사 인생의 방황자로 올레길을 시작했을지라도 그들은 자기도 모르는 사이에 열정을 만들어 내고 우연히 얻은 종이에 코스마다 완주 도장을 찍고 있는 것이다.

파우스트(괴테)에 나오는 부정의 신 팰리스는 인간은 메뚜기 같은 연약한 존재이기에 인간 하나쯤 나락에 빠트리는 것은 일도 아니라고 말한다. 사단은 인간을 우습게 생각하는 것이다. 그때 하나님은 마귀 팰리스에게 이렇게 말한다.

> "인간은 노력하는 한 방황하는 법이다.
> 그러나 그는 방황하되 타락하지는 않을 것이다."

사탄은 왜 인간을 망가트리는 것이 쉽다고 생각할까? 왜냐하면 인간에게 시험 거리를 주면 쉽게 망가지고 타락하는 존재라고 생각하기 때문이다. 구약성경의 욥기서 에도 사단은 욥에게 고난을 주면 틀림없이 망가져 하나님을 향해 욕을 퍼부을 것이라고 장담한다.(욥기1:11) 그러나 욥은 고난을 주어도 하나님을 저주하거나 타락하지 않는다. 그것은 하나님께서 욥의 마음을 붙들고 계셨기 때문이다. 욥은 이렇게 말한다.

> 그가 왼쪽에서 일하시나 내가 만날 수 없고
> 그가 오른쪽으로 돌이키시나 뵈올 수 없구나.

(욥기 23:9)

여기서 '일하시나'는 히브리어로 '아사'라고 하는데 '만들다' 또는 '이루다'라는 의미이다. 욥은 하나님이 자신의 마음을 긍정적으로 만들고 계신다는 것을 알아차린다. 그리고 무언가 자신을 통해 이루려고 하신다는 것도 믿고 있었다. '돌이키시나'는 '아타프'라는 히브리어를 사용하였는데 '옆으로 지나가다.' 또는 '덮어 싸다'라는 의미이다. 욥은 하나님이 자신을 옆에서 감싸시며 보호하고 계신 것을 느끼고 있었던 것이다.

호주 시드니의 숙소로 가는 한 버스에서 나는 한 청년에게 전도를 했다. 청년은 나에게 이런 말을 했다.

"제가 하나님을 믿지 않는 이유는 내가 너무 나약해 보이기 때문이에요. 혼자서 모두 헤쳐 나가면 되지, 눈물까지 찔찔 흘려가면서 하나님께 기도하는 것은 너무 바보스럽고 저에게는 한심하게 느껴져요."

나는 그 청년에게 이렇게 말했다.

"청년이 한 가지 모르는 것이 있어요. 아브라함 링컨 대통령을 잘 아시죠? 그는 유머도 많고 열정도 많은 사람이었지요. 그러나 심한 우울증에 시달리던 사람이었어요. 그런데도 여전히 유쾌한 사람이었던 것은 하나님께 기도하기만 하면 기쁨이 다시 회복되고 열정도 생겼기 때문이에요. 결국 당시에 불가능해 보였던 남북전쟁을 승리로 이끌었지요. 인생을 살다 보면 문득 내가 바보스럽고 한심하게 느껴질 때가 있을 거예요. 내 마음도 내 마음대로 할 수 없다는 것을 알게 되지요. 그럴 때 하나님을 의지하는 것이 매우 유익하다는 것을 알게 됩니다. 대부분의 신앙인들이 자신의 마음과 생각을 지켜달라고 하나님께 기도한답니다. 다윗 왕도 '하나님이여 내 속에 정한 마음을 창조하시고 내 안에 정직한 영을 새롭게 하소서(시51:10)'라고 기도했습니다. 하나님을 의지하는 삶은 바보 같은 일이 아닙니다. 오히려 하나님을 의지할 때 우리가 바보처럼 살지 않게 되는 것입니다."

당신은 어떤가? 나름대로 혼자서도 인생을 잘 버티고 산다고 생각했는데 누군가 무심코 던진 말 한마디에 손에 힘이 빠져버리고 모든 것을 그만두고 싶을 때가 있지 않았던가? 과거의 힘들었던 기억들이 파도처럼 몰려와 표정도 없이 눈물만 계속 흐르던 때가 있지 않았던가? 그러나 이렇게 제어할 수 없는 마음을 가진 것이 우리의 현실이다. 놀라운 것은 기도를 통해 얻은 진리 하나가 기쁨도 용기도 믿음도 사랑도 모두 회복시킨다는 점이다. 울며 기도하는 것은 매우 당신에게 유익하다. 그러니 방황할지라도 적어도 망가지거나 타락하지 말라. 왜냐하면 타락한 자는 기도할 수 없기 때문이다.

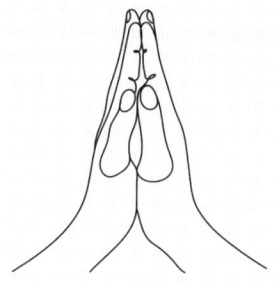

1부

회복을 위한 제안

1. 당신이 계획이 많다면 그것만으로도 혼자가 될 수 있다. 사람들은 누군가가 나를 외롭게 만들었다고 말한다. 그러나 누구의 탓도 아니다. 나의 계획이 많은 탓에 나는 외롭다.

나의 계획은 줄이고 매일 주님의 진리를 구하라. 진리를 얻으면 고독함을 극복한다. 왜냐하면 진리가 나의 친구가 되어주기 때문이다.

2. 내가 얼마나 먼 곳까지 왔는지는 상관없다. 내가 얼마나 복잡한 길을 걸어왔는지도 문제가 되지 않는다. 왜냐하면 당신이 가만히 있을 수만 있다면 내 손에 든 나침반이 집을 가리키기 때문이다. 당신이 최악일지라도 주님은 언제나 방향을 보여주려고 애쓰신다. 하지만 '가만히' 있는 것은 당신의 몫이다.

3. 모든 것이 끝이라는 판단이 당신이 처한 상황의 전부가 아니다. "내가 반드시 너를 도와줄 것이라"는 하나님의 결심만이 당신이 처한 상황의 전부이다.

4. 내가 죽음을 결정할 주인이 생각하지 말라. 그것은 교만이다. 그 결정도 하나님의 것이다. 주님의 말씀을 믿고 사단이 주입한 판단을 부숴버리라. 그러면 그 부서진 판단 사이로 밝은 빛이 들어올 것이다.

✦ 1. 당신이 이기적이어도 이해되는 이유 : 내게 온 편지

우리는 종종 이런 생각에 빠질 때가 있다. "나도 이기적으로 살면 안 되는 것인가? 이기적으로 살면 칭찬받지 못할 텐데" 그러나 당신도 너무 힘들 때는 종종 이기적인 선택을 하고 싶다. 나만을 위해 살고 싶다. 그런데 성경에는 이기적인 선택을 하고도 예수님께 칭찬받았던 인물이 하나 있다. 이 사건은 신약성경에 나타난 두 자매 '마르다와 마리아'의 이야기이다.

마르다는 여동생 마리아와 몸이 약한 오빠와 살고 있었다. 부모는 등장하지 않는 것으로 보아 언니 마르다는 소녀 가장이다. 그런데 집에 방문한 예수님이 설교를 하자, 동생은 예수님 앞에 앉아버린다. 손님을 대접해야 하는 언니 마르다는 어이가 없었다. 마르다는 이기적인 마리아에게 화가 치밀어 올랐다. 더 섭섭한 것은 예수님이 주방 일을 돕지 않는 동생은 칭찬하고 수고하는 자기에게는 핀잔을 주었다는 점이다. 성경은 당시 언니 마르다의 마음 상태를 이렇게 묘사한다.

> "마르다는 준비하는 일이 많아 마음이 분주한지라"
> (누가복음 10장, 40절)

분주하다는 말은 헬라어로 '메림나테'라고 하는데, '염려가 많다'는 것을 의미한다. 마르다는 준비하는 일이 많아 염려가 많아졌다. 누구든지 감당해야 할 과제들이 많아지면 염려와 한숨에서 벗어나기 힘들어진다. 그리고 그 상태가 지속되면 짜증이 몰려온다.

결국 외부에서 들어오는 좋은 제안들도 모두 거절하게 된다. 분주함은 나에게로 들어오는 유익한 제안을 밀어낼 뿐만 아니라, 내가 하는 일을 완성하는 것만이 최선이라는 착각에 빠지게 한다. 결국, 마르다는 화가 나서 이렇게 말한다.

> "예수께 나아가 이르되 주여 내 동생이
> 나 혼자 일하게 두는 것을 생각하지 아니하시나이까?
> 그를 명 하사 나를 도와주라 하소서"
> (눅10:40)

마르다는 자신이 계획한 일 외에는 다른 관심이 없었다. 예수님이 왜 자신의 집에 방문하였는지도 궁금하지 않았다. 그런데 이 과정에서 마르다는 또 다른 단점을 드러낸다. 그것은 나는 '혼자'라고 생각하는 것이다. 모두가 노는 데, "나만 혼자 일을 하고 있다"라는 생각이 드는 것이다. 당신이 계획이 많다면 그것만으로도 혼자가 될 수 있다. 사람들은 누군가가 나를 외롭게 만들었다고 말한다. 그러나 누구의 탓도 아니다. 나의 계획이 많은 탓에 나는 외롭다.

예수님은 자상한 말투로 자신이 이 집에 온 이유를 마르다에게 말씀하신다.

> "주께서 대답하여 이르시되 마르다야 마르다야
> 네가 많은 일로 염려하고 근심하나
> 몇 가지만 하든지 혹은 한 가지만이라도 족하니라"
> (눅10:41~42 개역개정)

"너는 많은 계획을 근심하며 다 잘 해내려고 하고 있단다. 그러나 너는 너의 계획 중 한가지만 해도 만족할 수 있단다. 언제 그것들을 다 하고 나서 나의 말씀을 들을 거니? 나에게 진리를 듣는 것이 네가 지금 할 수 있는 일 중에 가장 잘하는 일일 텐데…… 너의 동생은 지금 그 한 가지를 얻었단다. 너에게는 동생이 이기적으로 보일지 몰라도 자신을 위해 진리를 들은 마리아야말로 참으로 잘한 것이다. 그러니 동생의 몫은 빼앗지 말거라."

> "마리아는 참 좋은 몫을 택했다.
> 너는 그것을 빼앗아서는 안 된다."
> (it will not be taken away from her)
> (누가복음 10장 42절, 공동 번역, NIV)

동생 마리아가 이기적으로 보일지라도 예수님이 주신 말씀은 마리아를 다시 살게 하는 참 좋은 몫이었다. 그러니 누구도 그녀의 몫을 빼앗아가선 안 된다. 그녀를 위로하고 살리는 유일한 말씀이기 때문이다.

군부대의 전령이 김 일병의 어머니가 보낸 편지를 전달하기 위해 기다리고 있다. 김 일병은 모두가 청소하는 시간에 어머니가 보낸 편지를 받으러 초소로 달려 나갔다. 그러나 누구도 그가 일하지 않고 위병소로 도망가 버렸다고 비난하지 못한다. 왜냐하면 그 편지는 오직 김 일병을 위한 메시지이기 때문이다.

우리가 정당하게 이기적일 수 있는 때는 언제일까? 그것은 주님이 주려고 하는 당신만의 메시지를 받으러 나갈 때이다. 그 편지는 당신을 치료할 신의 유일한 처방이다. 당신은 그것을 얻기 위해 주님께 달려가야 한다. 왜냐하면 그 메시지는 당신을 위한 진리이기 때문이다.

기도 따라 하기

나를 위한 진리를 알고 계시는 하나님
저에게는 맡겨진 가족들이 있습니다.
저는 이기적이면 안 되는 사람입니다.
훌쩍 떠나고 싶어도 그렇게 할 수 없습니다.
그러나 주님이 나에게 주실 말씀이 있다면
잠시 하려는 일을 쉬고 내게 주시려는
진리를 받기 원합니다.
사실 저는 모든 것을 완성하고 쉬려고 하였습니다.
그러나 완성은 없고 분주함만 가득했습니다.
이제 저의 분주함을 멈추어 주소서
이제 주님께 달려가 내 몫을 받기 원하오니
나를 위한 메시지를 주사 다시 살아나게 하소서
진리를 얻고 웃음 짓게 하소서

예수님의 이름으로 기도드립니다. 아멘

✦ 2. 방향을 잃었을 때 : 가만히 있어 보라.

사람들은 노력하다 보면 방향을 발견할 것이라고 생각한다. 그러나 많은 사람들이 인내하고 부지런히 살았는데, 정작 행복의 방향은 보이지 않는다. 왜냐하면 사랑을 잃어버렸기 때문이다. 예수님은 에베소교회에 이렇게 경고하신다.

> 또 네가 참고 내 이름을 위하여
> 견디고 게으르지 아니한 것을 아노라
> 그러나 너를 책망할 것이 있나니
> 너의 처음 사랑을 버렸느니라
> 그러므로 어디서 떨어졌는지를 생각하고
> 회개하여 처음 행위를 가지라
> (요한계시록 2:3-5절)

하나님은 사랑을 잃어버린 당신에게 어디서부터 그렇게 되었는지 생각해 보라고 말씀하신다. 그리고 가만히 좀 있어 보라고 요구하신다. 그런데 사람들은 좀처럼 가만히 있지를 않는다. 치열한 인생의 전쟁에서 전리품을 얻은 욕심 많은 인간은 만족을 얻은 후, 다음 전쟁에

참전하려 한다. 사람들은 목표를 이루면 또다시 전투 목표를 만들고 가만히 있지 않는다. 그렇게 가만히 있지 않기에 소중한 것을 잃어버린다.

> "그가 땅끝까지 전쟁을 쉬게 하심이여
> 활을 꺾고 창을 끊으며
> 수레를 불사르시는 도다 이르시기를 너희는 가만히 있어
> 내가 하나님 됨을 알 지어다"
> (시편 46편 9-10절)

하나님은 종종 여러분의 전쟁을 강제로 쉬게 하고 수레를 불사르시고 가만히 하나님이 하시는 일을 보라고 말씀하신다. 우리의 움직임을 멈추어야 하나님의 사역을 볼 수 있기 때문이다.

한 노인이 버섯을 캐기 위해 채비를 한다. 곡괭이와 바구니, 나침반을 가지고 깊은 산을 오른다. 날씨가 나쁠 때는 별을 보고 방향을 확인할 수 없기 때문에 나침반을 항상 준비한다. 나침반의 남쪽은 집 방향이다. 자연산 송이를 수확하고 일을 마친 노인은 자신이 지나온 복잡한 길을 기억하지 않아도 된다. 발걸음을 멈추고, 흥분도 멈추고 숨을 고르며 가만히 서서 나침반이 멈추기를 기다리면 그만이다. 내가 얼마

나 먼 곳까지 왔든지 상관없다. 내가 얼마나 복잡한 길을 걸어왔는지도 문제가 되지 않는다. 왜냐하면 내 손에 든 나침반이 집을 가리키고 있기 때문이다. 당신이 최악일지라도 하나님은 언제나 방향을 보여주려고 애쓰신다. 하지만 '가만히' 있는 것은 당신의 몫이다.

최근 한국 사람들에게는 신조어가 있다. '불멍'과 '물멍'이라는 단어다. 불을 피워놓고 멍하니 바라보거나 물가에서 물을 멍하니 바라보는 것을 의미한다. 그렇게 뇌를 쉬는 것이다. 그러나 물과 불이 나에게 방향을 알려주지는 않는다. 우리는 멍하게 쉬는 것이 아니다. 그렇게 쉰다고 해서 쉬어지는 것도 아니다. 멍하니 바라보는 시간이 끝나면 근심과 슬픔은 여전히 몰려온다.

이스라엘 백성에게 하나님이 요구한 쉼은 무의식이 아니었다. 진정한 쉼은 의문 속에 있지 않다. 우리는 가만히 있으면서 하나님에 대한 존재 의식을 깨워야 한다. 그것만으로도 우리는 방향을 발견한다. 방향을 얻으면 근심하고 있는 것들이 더 이상 근심거리가 아닌 것을 알게 된다. 분노하고 있는 일도 분할 일이 아니라는 것을 알게 되고 미워할 만한 일도 미워할 일이 아니며, 자존심이 상할 일도 그렇게 속상한 일이 아니었음을 알게 된다. 그렇게 가만히 하나님을 인식하는 것만으로도 당신은 온전한 방향을 발견하게 되고 당신의 쉼은 더욱 분명해진다.

기도 따라 하기

나에게 가만히 있으라고 말씀하시는 하나님
나는 무언가 이루겠다며 정신없이 앞으로 달렸습니다.
그렇게 살다 보니 나의 나침반은 항상
흔들릴 수밖에 없었습니다.
나의 모든 삶이 지치고 힘들어
때로는 멍하니 물가에 앉아 있었습니다.
그러나 메시지가 없으면
쉼도 없다는 것을 알았습니다.
이제 매일 흔들리는 나의 방황을
멈추기 원하오니 나의 분노도 억울함도 미움도
진정시켜 주시옵소서
이제 하나님을 인식하고 가만히 묵상하오니
평강으로 가는 길을
보여주옵소서

예수님이 이름으로 기도드립니다. 아멘

✦ 3. 죽고 싶은 마음이 드는 이유 : 판단이 오염되었다.

당신은 죽고 싶었던 때가 있었는가? 혹시라도 지금이 그런 때라면 아마도 당신은 가슴이 녹아내리는 경험을 하고 있을 것이다. 시편 119편을 쓴 시인은 자신의 고통을 이렇게 표현했다.

> 나의 영혼이 눌림으로 말미암아 녹사오니
> 주의 말씀대로 나를 세우소서
> 시편 119:118

이렇게 마음이 녹아내리는 것 같은 고통을 경험해 본 사람이라면 여기에서 벗어나는 방법은 '죽음' 밖에 없다고 생각했을 것이다. 남아있는 가족이 있다는 것도 알고 있고 극복할 방법이 전혀 없는 것도 아니다. 문제는 잠에서 깨면 가슴이 녹는 것 같고, 고통으로 인해 눈을 뜨고 있는 순간조차 아프고 슬프기 때문이다. 그리고 그 아픔을 계속 품고 살아낼 자신이 없기 때문이다. 당신은 이렇게 말할 것이다. 나는 이제 어떻게 해야 하나요? 이렇게 엉망이 되어버린 기억과 아픈 마음을 어떻게 되돌려 놓을 수 있나요? 그러나 당신이 알아야 할 중요한 정보가 하나가 있다. 그것은 마귀가 당신을 죽음의 늪에 빠트리기 위하여 당신의 '판단'을 이용했다는 사실이다. 마귀의 존재에 대한 논의는 여기서 하지 않을 것이다. 분명한 것은 사탄이 인간의 '판단'을 효과적으로 이용한다는 점이다.

가롯 유다는 은 30냥을 받고 제사장들에게 예수님을 팔아넘긴다. 예수님은 병정들에게 끌려가 고통스러운 죽음을 맞이한다. 그 광경을 멀리서 바라본 유다는 '내가 스승을 팔아넘겨 죽게 했다'는 자괴감에 시달렸다. 그는 이제 스승을 팔아먹은 괴물이 되어버린 것이다. 그는 괴물에서 벗어나고자 은 30냥을 다시 제사장들에게 돌려주려고 한다. 그러나 제사장들은 그 돈을 받지 않는다. 제사장들이 돈을 돌려받고 너는 "죄가 없다"라고, 판결해 주었으면 좋으련만 그들은 돈을 돌려받지도 어떠한 위안의 말도 해 주지 않았다. 제사장들은 이제 우리와는 상관없는 일이니 "네가 당하라"라고 말한다. 그 말을 듣자 유다는 그 판단을 받아들인다. 그리고 자결해 버린다. 그러나 그것은 사단의 판단에 유다가 속은 것이다.

예수님은 그를 얼마든지 용서하실 수 있는 분이었다. 자신을 세 번 부인하고 저주하고 도망간 베드로, 자신을 채찍질 한 사람들, 침을 뱉고 조롱한 사람들, 직접 못을 박아 죽인 병정들까지도 예수님은 "저들이 하는 행동이 뭔지도 모르고 저러는 것이니 저들을 용서해 달라"고

하나님께 간곡하게 기도하신다. 그리고 그렇게 가룟 유다가 자결한 다음 날, 부활한 예수님은 도망갔던 제자들을 용서하시며 떡과 물고기를 구워 먹으며 행복한 시간을 보낸다. 이 자리에 가룟 유다가 오지 못할 이유가 없는 것이다.

사단이 민족 전체의 판단을 오염시킨 사건도 있었다. 이스라엘 백성들은 각 지파의 대표를 뽑아 가나안 땅에 정탐꾼을 보낸다. 정탐꾼 열두 명 중, 열 명은 여리고성의 높은 성벽에 두려움을 느낀다. 그리고 거인족들이 보초를 서고 있는 것을 보게 된다. 그러자 자신들이 메뚜기같이 작고 연약하다는 판단이 들었다. 그들이 이렇게 두려운 판단을 하고 백성들에게 전달하자, 나머지 이백만 명의 백성들도 모두 절망에 빠져버리고 만다. 마귀는 모두의 판단을 오염시킬 필요가 없었다. 단지 열 명의 판단을 오염시키는 것만으로도 나머지 이백만 명을 밤새 울며 원망하도록 만들었기 때문이다. 사단이 인간의 판단을 이용하는 것이 얼마나 가성비가 좋은가?

그러나 실제로 여리고성의 현실은 달랐다. 학자들에 의하면 여리고 사람들은 자신들이 강력해 보이려고 거인족을 양성하였다고 한다. 그들은 일부러 거인족끼리 혼인시키고 거인 자녀들을 양성하여 최전방

성벽에서 보초를 서게 하여 이스라엘 정탐꾼들을 두렵게 했던 것이다. 그러나 거인들은 전쟁 경험도 부족하고 두려움이 많은 키만 큰 자들이었다. 훗날 라합의 이야기를 들어보면, 근거는 더 명확해진다. 이스라엘 백성들이 이집트 군사를 물리치고 홍해를 건너와 정탐꾼을 보낼 무렵이었다. 기생 라합은 오히려 자신들이 이스라엘 백성들을 보고 무서워서 '마음이 녹았다'고 증언한다.

> 이는 너희가 애굽에서 나올 때에 여호와께서 너희 앞에서 홍해 물을 마르게 하신 일과 너희가 요단 저쪽에 있는 아모리 사람의 두 왕 시혼과 옥에게 행한 일 곧 그들을 전멸시킨 일을 우리가 들었음이니라.
> 우리가 듣자 곧 마음이 녹았고 너희로 말미암아 사람이 정신을 잃었나니 너희의 하나님 여호와는 위로는 하늘에서도 아래로는 땅에서도 하나님이시니라
> (여호수아 2장 10-11절)

이스라엘 정탐꾼들은 보초를 세운 거인들을 전혀 두려워할 필요가 없었던 것이다. 오히려 여리고 백성들과 거인들은 이스라엘이 두려워서 마음이 녹을 정도였다.

사단은 인간에게 두려움을 주면 그것을 진실로 믿고 유리한 상황도 불리하게 판단해 버린다는 것을 잘 알고 있었다. 사단은 얼마든지 당신 앞에도 거인을 세워놓고 그것이 당신이 처한 전부라고 말한다. 이제 죽음은 피할 수 없는 현실이라고 설득한다. 문제는 마귀는 단순히 '착각'을 주는 정도에서 멈추지 않는다는 점이다. 마귀는 당신이 결정적 '착오'를 일으키고 스스로 죽음을 저지르기를 바라는 것이다. 그러나 이 오염된 판단에서 빠져나오는 방법이 있다. 예수님은 우리가 사단의 판단에서 살아날 방법을 이렇게 제시하신다.

> 사람이 떡으로만 살 것이 아니요 하나님의 입으로부터
> 나오는 모든 말씀으로 살 것이라 하였느니라
> (마태복음 4:4절)

당신이 살길은 창조주의 입에서 나오는 판단(말씀)을 듣는 것이다. 당신의 상황에 대한 정확한 판단은 오직 당신을 창조한 하나님의 입에서 찾아야 한다. 그러면 그분은 모든 상황 가운데 기적을 주신다.

> 여호와와 그의 능력을 구할지어다
> 그의 얼굴을 항상 구할지어다
> 그의 종 아브라함의 후손 곧 택하신 야곱의 자손 너희는

> 그가 행하신 기적과 그의 이적과
> 그의 입의 판단을 기억할지어다
> 그는 여호와 우리 하나님이시라 그의 판단이
> 온 땅에 있도다
> (시편 105:4-7절)

하나님의 판단은 온 땅에 있고 당신이 처한 현장에도 하나님의 판단이 있다. 하나님의 판단은 앞으로 이루실 기적과 함께 당신이 겪는 온갖 사건 속에 존재하신다. 하나님은 다시 이렇게 말씀하신다.

> 네가 찾아도 너와 싸우던 자들을 만나지 못할 것이요
> 너를 치는 자들은 아무것도 아닌 것 같고
> 허무한 것 같이 되리니
> 이는 나 여호와 너의 하나님이 네 오른손을 붙들고
> 네게 이르기를 두려워하지 말라
> 내가 너를 도우리라 할 것임이니라
> (이사야 41:12-13절)

당신이 최악이라고 믿는 상황은 모두 아무것도 아닌 것 같이 될 것이다. 그것이 사람의 문제이던, 돈의 문제이던, 재난의 문제이던, 상실

의 문제이던, 관계의 문제이던. 지금은 열악함으로 온통 도배된 것 같겠지만, 그 모든 문제들은 아무것도 아닌 것처럼 되고 허무한 사건이 될 것이다. '허무해진다'는 표현은 히브리어로 '에페스'라고 한다. 이 단어는 '끝나다'라는 의미이다. 사단이 준 지금의 판단이 영원할 것 같지만 그렇지 않다. 그 상황은 반드시 끝난다. 그래서 하나님은 당신에게 이렇게 말씀하신다.

"너는 두려워하지 말라.
모든 것이 끝이라는 판단이
네가 처한 상황의 전부가 아니라,

"내가 반드시 너를 도와줄 것이라"는
나의 결심만이
네가 처한 상황의 전부이다."

기도 따라 하기

나의 아픔과 눈물을 다 지켜보신 하나님!
주님도 알다시피 저의 상황은 최악입니다.
나의 아픈 기억은 나를 매일 괴롭히고
내 속에 죽고 싶은 마음이 순간순간 올라옵니다.
아무것도 변할 수 없다는 생각이 들었습니다.
그러나 나의 판단이 사단이 심어놓은 것이라면
속지 않기를 간절히 기도합니다.
하나님의 판단은 온 땅에 가득하시오니
"모든 것이 끝났다"라는 사단이 준 판단은 거두어 가소서
나의 뼈아픈 감정보다 나의 절망적인 현실보다
하나님이 반드시 나를 도우신다는 사실만이
내가 처한 전부임을 믿사오니
오직 주의 판단으로 나를 가득 채워 주소서

예수님의 이름으로 기도드립니다. 아멘

✦ 4. 여전히 최악이라고 생각한다면 :
"내가 아무것도 모른다는 것을 알라"

　오래된 이야기지만 군대에 있을 때, 그 후임병을 지금도 잊을 수 없다. 상황병으로 새벽 근무를 서고 있는데, 선임하사관이 이등병 한 명과 상병 두 명을 붙잡아 상황실에 무릎을 꿇게 하였다. 그들은 몰래 술을 구입하여 이등병에게 보초를 서게 하고 술과 안주를 먹다가 들켜 상황실에 붙잡혀 왔다. 부대에서 종종 일어나는 일이었고 우리는 이러한 상황을 잘 파악하고 있었다. 그런데 갑자기 이등병이 자신의 잘못이라면서 자신만 처벌해 달라며 소리를 질렀다. 그러더니 갑자기 자신의 총 개머리판으로 자신을 자해하기 시작했다. "내가 잘못했으니, 고참들을 용서해 달라"는 것이다. 그의 머리에는 피가 나기 시작했고 나는 중대장과 함께 그의 양팔을 붙잡고 자해를 말리느라 정신이 없었다. 그는 아침이 되기까지 계속 자해를 시도했다. 이등병의 대답을 요약하면 이랬다.

　"술을 마신 두 고참은 부대에서 내가 의지할 유일한 사람들입니다. 그리고 보초를 잘 서면 너도 술을 마시게 해 주겠다고 말했습니다. 하지만 네가 망을 잘 보지 못해 문제가 생기면 너를 가만히 안 둘 것이라고 경고했습니다. 그리고 앞으로 두 고참에게만 잘하면 군 생활이 편할 것이라고 했습니다."

이등병은 선임들의 몇 마디 '말 상자' 속에서 헤어 나올 수 없었다. 모든 판단은 오염된 상태로 고정되어 버렸다. 그리고 자기가 망을 보는 일에 실패하자 "모든 것이 끝났다"는 판단 외에는 다른 생각을 할 수 없었다. 그러나 사실 그 이등병은 자신이 아무것도 모른다는 것을 몰랐다. 부대의 상황실은 이 선임 병사들이 상습적으로 술을 몰래 사 와 저녁마다 마신다는 것을 이미 파악하고 있었다. 신참병이 아무리 보초를 잘 섰어도 중대장은 그날만을 벼르고 있었다. 이등병이 졸지 않고 망을 잘 보았을지라도 그날은 선임병들이 붙잡히는 날로 이미 계획된 날이었던 것이다. 뿐만 아니라, 부대에서는 이등병을 보호할 모든 방안을 가지고 있었다. 부대 상황실에서는 이런 크고 작은 사건들에 수년간 대처해 왔다. 그러니 염려하지 않아도 된다. 선임 병사들도 처벌을 받지만 충분한 교육을 받은 후에는 정신을 차린다. 그리고 대부분 군 생활을 잘 마무리한다. 이등병에게도 적응할 수 있는 부대나 부서로 재배치하여 선임들에게 괴롭힘을 당하지 않도록 배려한다. 그렇게 수많은 군인들이 군대를 지나쳐 갔다. 그들은 시간이 지나 성숙한 군

인으로 전역한다. 그들은 전역하여 가정을 이루었고 아이들을 낳고 키우며, 한때 군대에서 철없던 시간들을 추억거리로 나눈다. 우리에게 벌어지는 사건들은 그렇게 심각한 것이 아니다. 더 심각한 것은 내가 심각하게 판단하여 저지른 또 다른 어리석은 사건이다.

소크라테스는 말했다.

> "내 자신이 아무것도 모른다는 것을 알라"

소크라테스는 '너 자신을 알라'고 말하지 않았다. 너 자신이 아무것도 모르는 상태라는 것을 알라고 말했다. 내가 얻은 정보만으로 원을 그려놓고 모든 것이 끝났다고 말하지 말라. 예수님은 밖에서 더 큰 원을 그려놓고 당신을 보호하려고 기다리고 계신다. 이사야는 예수님에 대해 "그가 정사를 메었고 기묘라 모사자"라고 표현한다(이사야9:6). '모사'라는 말은 '야아츠'(히)라고 하는데, '고안하다'라는 의미이다. 예수님은 고안자이다. 그분은 당신을 위해 상상하지 못했던 기묘한 고안을 가지고 계신다.

용기를 내어 내가 만든 논리적 원에 흠집을 내라. 나를 향해 호통을 치고 그 원을 터트려 버리라.

"너가 뭔데, 다 끝났다고 말하느냐!"

라고 당신 스스로에게 크게 외치라.

고라의 자손들은 낙심한 자신에게 이렇게 소리쳤다.

> 내 영혼아 네가 어찌하여 낙심하며
> 어찌하여 내 속에서 불안해 하는가
> 너는 하나님께 소망을 두라
> 그가 나타나 도우심으로 말미암아
> 내가 여전히 찬송하리로다
> (시편42편5절)

죽음을 결정할 주인이 나라고 생각하지 말라. 주님의 말씀을 믿고 하나님께 소망을 두라 사단이 결정해 준 판단 때문에 불안해하지 말라. 나의 논리도 부숴버리라. 그러면 그 부서진 판단 사이로 도움의 빛이 들어올 것이다.

기도 따라 하기

하나님 아버지 아무리 생각해도 지금의 환경은

극복할 수 없는 상황입니다.

좋아질 수 없다고 저는 생각합니다.

그러나 이 생각이 아무것도 모르면서

다 안다고 생각하는

나의 교만임을 알게 하여 주옵소서

'좋아질 수 없다'는

사단의 결정을 깨트려 주시고

"모든 것이 끝났다"는

나의 논리적 판단도 부수어 주소서

오직 주가 보내시는 진리의 말씀을

내 마음에 비추어 주시고

주의 도움을 얻어

반드시 찬송하게 하소서

반드시 찬송하게 하소서

예수님의 이름으로 기도드립니다. 아멘

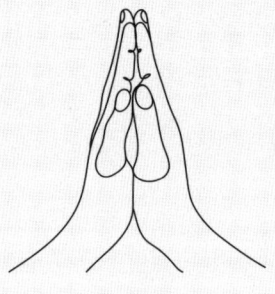

2부

세상을 이기는 지혜

5. 교정된 나를 본 자는 우울하지 않다. 당신이 누구이던지, 교정의 기쁨을 누릴 수 있다면 어떠한 우울함에서도 벗어날 수 있다.

6. 세상을 경외하면 잠을 이룰 수 없다. 그러나 하나님을 경외하는 자는 모든 것을 맡기고 잠을 이룰 수 있다. 승리를 위한 '믿음의 잠'이 가장 가성비가 좋다는 사실을 잊어서는 안 된다. 절대로 마귀보다 어려운 싸움을 하지 않겠다는 다짐으로 믿음의 잠을 청하라.

7. 우리가 온전치 못한 사람들을 부모의 마음으로 돌보아 주면 하나님도 내가 누군가를 돌보아 준 것을 기억하신다. 이 말은 내가 상처받고 심술궂게 되었을 때 하나님도 나의 아버지가 되어 나의 심술을 진정시켜 주신다.

8. 예수님은 평안을 가르치지 않는다. 예수님은 자기 안에 있는 평안을 단순히 꺼내어 주신다. 평안은 가르칠 수 없다. 평안은 내 마음에 만들어 놓은 천국을 단순히 꺼내오는 것이다.

✷ 5. 우울함을 이기는 한 가지 진리 : '배움'

"우울증은 반드시 약으로 치료해야 한다." 이런 정의는 현대의학에서는 정설이다. 경험적으로도 나는 성도들에게 약을 권장하는 편이다. 그러나 분명한 것은 환자가 우울함의 감정을 감사함으로 바꾸었다면 그 사람에게 더 이상 약이 필요 없게 된다는 점이다. 왜냐하면 감사는 이미 우울함에서 벗어난 상태를 의미하기 때문이다. 그렇다면 '우울'을 '감사'로 바꾸는 열쇠는 존재하는가? 그 답은 꽤 단순하다. 그 열쇠는 '배움'이다. 예를 들어 당신이 우울했던 어린 시절을 아픔이 아닌 배움의 시간으로 인식할 수만 있다면 어두웠던 시절은 추억이 될 것이며, 감사할 것이며 웃을 것이며 우울함에서 벗어나게 될 것이다.

예를 들어 당신이 누군가에게 실연당했다면 그것은 우울함의 원인이 된다. 그러나 그 헤어짐의 아픔을 하나님이 준 배움과 성장의 시간으로 믿는다면, 그 깨달음이 아픔을 잊게 만든다. 실제로, 배움을 통해 우울함에서 벗어나는 일 들은 우리의 삶 가운데 흔히 일어난다. 교통사고가 났을 때 "그래도 팔만 부러져서 다행이다. 죽을 뻔했다. 나에게 조심하라는 신호다."라고 말하는 사람은 병원에 입원하고 있는 동안에도 팔이 부러졌다고 우울하지 않다. 진리를 배웠기 때문이다. 그런 의미에서 우울증이 걸린 사람들이 시도해 볼 것이 하나 있다. 그것은 당신이 당한 고통의 시간을 모두 '배움'의 시간으로 믿고 감사하는 것이다. 시편119편 저자는 말한다.

> 내가 주의 의로운 판단을 배울 때에는
> 정직한 마음으로 주께 감사하리이다
> (시119:7)

주의 의로운 판단은 하나님이 주시는 훈계를 의미한다. 시인은 하나님께 벌을 받고 혼이 났다. 그리고 정직한 마음으로 자신의 잘못을 인정하고 교훈을 깨달았다. 그리고 감사할 수 있었다.

다윗은 자신이 취하지 말아야 할 여자 밧세바를 아내로 맞이한다. 그 일로 하나님은 다윗에게 벌을 내리신다. 밧세바가 낳은 아이가 병에 걸려 죽을 위기에 놓이게 된 것이다. 다윗은 아들을 살려달라고 하나님께 금식하며 기도한다. 그러나 아이는 죽고 만다. 그런데 다윗은 우울함에 빠지지 않는다. 다윗은 하나님의 심판을 인정하고 일어나 밥을 먹고 하나님께 경배를 드린다. 다윗은 이렇게 생각했던 것이다.

> "하나님이 아이를 데려가셨으니 내가 어찌 금식하랴!
> 하나님이 판단하고 나를 벌하셨으니 내가 잘 혼난 것이다.
> 그러니 내가 계속 우울해 하며 금식하는 것은 나의 죄를
> 인정하지 않는 것과 같다.
> 내가 일어나 밥을 먹고 감사하는 것이
> 내가 배웠음을 하나님 앞에 인정하는 것이다."

우리가 우울하다면 나의 '의'가 아직 남아있기 때문이다. 우리는 교만하기에 우울하다. 나에게는 아무런 잘못이 없다고 고집하는 순간 우리는 우울함에서 벗어날 수 없다. 우리는 주의 판단을 인정하고 배워야 한다. 내 죄로 인해 벌어진 것임을 인정해야 한다. 인정하기 싫겠지만 사건을 통해서 교훈을 얻을 때 비로소 나의 영혼은 어둠에서 벗어난다. 배우려 하지 않는 것은 우울함을 연장할 뿐이다.

신학대학원을 다닐 때 아주 작은 자동차 '티코'에서 조금 나은 작은 차 '마티즈'로 새 차를 뽑은 적이 있었다. 너무 좋아서 차를 매일 닦았다. 차의 내부를 꾸미고 밖에는 멋있는 엠블럼도 달았다. 그런데 두 주 만에 승합차가 한 대가 뒤에서 내 차를 받아버렸다. 사고를 낸 분은 나이 많은 여자 전도사님이었다. 원망스럽고 화가 나서 잠이 오지 않았다. 그런데 그 우울함과 화가 어느 순간 멈추어 버렸다. 하나님이 내 마

음에 이렇게 말하는 순간이었다.

> "네가 차를 너무 숭배하여 정신을 못 차리니,
> 내가 그렇게 한 것이다"

내 차를 하나님이 부쉈다고 생각하는 순간 나는 인정했다. "내가 너무 차에 집착을 했구나! 영혼을 돌보아야 할 시간에 차만 돌보았구나!" 그렇게 탄식할 때 나는 하나님께 감사했다. 새 차가 사고 차량이 되어 버린 것도 더 이상 속상하지 않았다. 죄를 인정하였고 배웠기 때문에 우울함도 사라졌다. 교훈을 받아들이고 깨달음에 감사하는 순간 분노도 속상함도 사라진다. 배움이란, 누구의 잘못이라는 잔여물까지도 남기지 않는 것이다. 누구 때문이라는 잔여물의 부피가 커지는 만큼 감사는 줄어들고 우울함은 커진다. 시편119편 기자는 이렇게 말한다.

> 여호와여 내가 알거니와 주의 심판은 의로우시고
> 주께서 나를 괴롭게 하심은 성실하심 때문이니이다
> 구하오니 주의 종에게 하신 말씀대로 주의 인자하심이
> 나의 위안이 되게 하시며
> 주의 긍휼히 여기심이 내게 임하사
> 내가 살게 하소서 주의 법은 나의 즐거움이니이다

(시편119:75-77절)

벌을 받고 교훈을 받아들이고 고치는 것은 괴로운 일이다. 그러나 깨닫고 반성하는 과정에서 하나님의 인자하심과 위안이 나의 마음에 임한다. 그리고 그렇게 배우려 하는 나를 하나님은 인자하게 치료하기 시작한다. 배움은 나의 위안이 된다. 그리고 배운 자는 긍휼을 얻어 마음은 살아나게 된다.

무용실에 반드시 있어야 하는 것이 있다. 그것은 거울이다. 무용을 배우는 사람은 매일 스승에게 배우고 거울에 비친 자신의 잘못된 자세를 교정해 나간다. 그러다 보면, 어느 순간 거울 속에 서 있는 아름답고 꼿꼿한 자신을 발견하게 된다. 자신의 교정된 모습을 본 학생은 만족감을 띤 채, 활짝 웃을 것이다. 교정된 나를 본 자는 우울하지 않다. 당신이 누구이던지, 교정의 기쁨을 누릴 수 있다면 어떠한 우울함에서도 벗어날 수 있다.

기도 따라 하기

나에게 찾아오는 우울함을 아시는 하나님
내가 왜 우울한지 알았습니다.
저는 우울함이 내 환경과 주변 사람으로 인하여
지속되는 줄 만 알았습니다.
그러나 나의 우울함은 내가 배우지도 않고
잘못을 교정하지도 않기 때문인 것을 알았습니다.
이제, 주의 판단은 의로우시고 나를 괴롭게 하심도
주의 훈계임을 알았사오니
이제는 비틀어진 나를 인정하게 하시고
모든 일에 교훈을 얻어 감사하게 하소서
그렇게 아름답게 교정된 나를 발견하고
우울함에서 벗어나게 하소서

예수님의 이름으로 기도드립니다. 아멘

※ 6. 고난을 이겨야 한다면 : 최고의 가성비 '잠'으로 이겨라

우리는 때때로 혼자 감당하기에 어려운 고난을 맞이한다. 문제는 이런 고난의 때에 사단은 손쉽게 우리를 낙심에 빠트리는 반면, 우리는 낙심에서 벗어나기 위해 힘든 전쟁을 치러야 한다는 점이다. 사단은 가성비가 좋은 싸움을 하는 반면, 인간은 가성비가 떨어지는 힘든 싸움을 한다. 쉽게 말하면, 사단은 손가락으로 싸우는데, 인간은 온몸으로 싸운다.

다윗은 사랑하는 친아들 압살롬에게 버림을 받는다. 다윗의 정신력은 한계에 다다른다. 그러나 다윗은 가성비로 싸울 줄 아는 왕이었다. 다윗은 낙심할 만한 힘든 사건 앞에서 하나님께 이렇게 하소연한다.

> "많은 사람이 나를 대적하여 말하기를
> 내가 하나님께 구원을 받지 못한다 하나이다"

다윗은 한때는 가까웠던 몇몇 친구들이 자신을 경멸의 눈으로 바라보고 비난의 말을 하자, 멘탈이 무너지기 시작한다. 다윗은 아들의 반역으로 감람산으로 도망가며 얼굴을 가리고 맨발로 올라가면서 크게

통곡한다. 사단은 사랑하는 아들 압살롬을 이용해 다윗에게 큰 고통을 주는 데 성공하고 있었다. 사단은 언제나 그랬듯이 쉽게 일했다. 그런데 그 순간, 다윗 역시 쉽게 싸우기 시작한다. 그 방법은 하나님의 말씀을 선언하고, 믿고, 잠을 자는 것이었다.

> "여호와여 주는 나의 방패시요 나의 영광이시오
> 나의 머리를 드시는 자이시니이다"
> 〈시편3편 3절〉

다윗은 이렇게 간단히 선포하고 잠을 자 버린다. 다음 날 다윗은 일어나 이렇게 고백한다.

> "내가 누워 자고 깨었으니 여호와께서 나를 붙드심이로다
> 천만인이 나를 에워싸 진 친다 하여도
> 나는 두려워하지 아니하리이다"
> 〈시편3편 5-6절〉

어제는 "구원받지 못한다"는 소수 사람의 비난에도 크게 흔들렸었는데 자고 일어난 다윗은 천만인이 에워싸 자신을 공격해도 두렵지 않다고 말한다. 얼마나 가성비가 좋은 '수면'이었던가? 다윗은 하나님께

문제를 맡기고 믿음으로 선포하고 잠을 자고 나면 하나님이 자신을 치료해 놓으신다는 것을 알고 있었다. 다윗의 아들 솔로몬도 이렇게 고백했다.

> 너희가 일찍이 일어나고 늦게 누우며
> 수고의 떡을 먹음이 헛되도다
> 그러므로 여호와께서 그의 사랑하시는 자에게는
> 잠을 주시는 도다
> (시편 127편 1, 2절)

아침부터 저녁까지 사투를 벌인다고 삶의 전쟁에서 이기는 것이 아니다. 사단이 주는 시험들과 너무 괴로운 싸움을 하지 말라. 사람에게 가장 가성비가 좋은 전술은 공교롭게도 믿고 잠을 자는 것이다. 신이 공급한 잠은 결코 헛되지 않다. 공동 번역에서는 이렇게 이 본문을 번역한다.

> 야훼께서는 사랑하시는 자에게는 잘 때에도 배불리신다.
> (시127:2 공동 번역)

하나님이 주시는 잠은 자는 것만으로도 배가 부르다. 우리가 믿음의 잠을 자는 동안 분노한 영혼은 만족한 영혼으로 다시 깨어난다. 놀이터에서 친구와 싸우고 넘어져 자지러지게 울던 아이가 엄마 품 안에서 젖을 먹다가 잠이 든다. 예민함은 어디론가 사라지고 얼굴에는 평온함이 가득하다. 아침 해가 뜰 무렵, 아이는 엄마보다 먼저 일어나 침대를 뒹굴며 놀고 있다. 말라기 선지자는 하나님의 치료에 대해 이렇게 표현한다.

> 내 이름을 경외하는 너희에게는 공의로운 해가 떠올라서
> 치료하는 광선을 비추리니 너희가 나가서
> 외양간에서 나온 송아지 같이 뛰리라
> (말라기 4:2)

세상을 두려워하면 잠을 이룰 수 없다. 그러나 하나님을 경외하는 자는 믿음의 잠을 이룰 수 있다. 승리를 위해 '믿음의 잠'이 가장 가성비가 좋다는 사실을 잊어서는 안 된다. 절대로 마귀보다 어려운 싸움을 하지 말라. 하나님께 맡기는 기도를 하라. 그리고 믿음의 잠을 청하라. 하나님이 비추시는 치료의 광선은 가성비가 좋기 때문이다.

기도 따라 하기

주님 제가 사는 것이 힘든 이유를 알았습니다.

내 의지만으로 살았기 때문입니다.

저는 주님이 방패 되어주심을 몰랐습니다.

내가 모두 감당해야만 한다고 생각했습니다.

그래서 잠도 이룰 수 없었습니다.

이제는 저도 믿음으로 선포합니다.

"여호와여 주는 나의 방패시요 나의 영광이시오

나의 머리를 들어 주실 분입니다"

이렇게 믿고 잠을 청하오니

치료하는 광선을 비추어 주시고

잘 때에도 배부르게 하소서

그리고 아침에 깨어나면

외양간에서 나온 송아지처럼

기뻐하며 뛰게 하소서

예수님 이름으로 기도드립니다. 아멘

✷ 7. 인간에 대한 이해 : 심술궂게 되어버린 인간

이제 우리는 가성비로 사는 방법을 알았다. 그것은 그분의 도우심을 믿고 맡긴 후 잠에 드는 것이다. 그러나 우리 주변에는 마음을 괴롭게 하는 사람들이 여전히 존재한다. 당신은 가족을 포함한 나를 힘들게 하는 세상의 사람들과 매일 부딪혀야 한다. 우리는 이들을 어떻게 대해야 하는 것인가? 최근 이런 문제에 대해서 인간관계의 처세술을 제시하는 주제들이 많다. "이런 사람은 옆에 두지 말라.", "평생 함께 가야 할 사람과 멀어져야 할 사람" 이렇게 손절의 지혜를 알려주는 것이 유행처럼 번지고 있다. 그런데 예수님은 나를 불편하게 하고 손해를 끼치는 사람들을 곁에서 도와주라고 권유하신다.

"또 눈은 눈으로, 이는 이로 갚으라
하였다는 것을 너희가 들었으나
나는 너희에게 이르노니 악한 자를 대적하지 말라
누구든지 네 오른편 뺨을
치거든 왼편도 돌려대며 또 너를 고발하여
속옷을 가지고자 하는 자에게

> 겉옷까지도 가지게 하며 또 누구든지 너로 억지로 오리를 가게든
> 그 사람과 십 리를 동행하고 네게 구하는 자에게 주며
> 네게 꾸고자 하는 자에게 거절하지 말라"
>
> 또 네 이웃을 사랑하고 네 원수를 미워하라
> 하였다는 것을 너희가
> 들었으나 나는 너희에게 이르노니 너희 원수를 사랑하며
> 너희를 박해하는 자를 위하여 기도하라
> (마태복음 5장 38-44)

얼마나 불편한 말씀인가? 그리고 얼마나 나에게 힘든 요구인가? 상식적으로 이런 무례한 사람들을 멀리해야만 한다. 가장 쉬운 방법은 그들을 무시하고 사는 것이다. 그러나 예수님은 나를 힘들게 하는 사람들을 챙겨주라고 말한다. 그들이 뺨을 때리던, 속옷을 빼앗던, 먼 길을 억지로 가게 하던, 그들의 요구를 받아주라는 것이다. 뿐만 아니라, 이런 사람들을 위해 기도까지 해 주라고 말씀하신다. 나의 인생도 충분히 힘든데, 무례한 인간들의 성인군자까지 되라는 말인가? 그러나 여기에는 예수님의 분명한 의도가 숨어있다.

> "이같이 한즉 하늘에 계신 너희 아버지의 아들이 되리니 이는 하나

님이 그 해를 악인과 선인에게 비추시며 비를 의로운 자와 불의한 자에게 내려주심이라"(45절)

예수님은 햇빛을 선인과 악인에게 비추어 주시고 비도 의로운 자와 악한 자 모두에게 내려주기를 원하신다. 그런데 이 말씀을 잘 해석하려면 '악한 자'에 대한 정의를 다시 내려야 한다. 영어 성경에서는 악한 자를 다음과 같이 표현한다.

But I tell you, Do not resist an evil person. (NIV) Matthew 5:39절

이 본문의 악한 자는 evil person이다. evil은 '사악한'이란 의미도 있지만 불운한, 낙심한, 심술궂은, 골이 난, 이라는 의미이다. 헬라어로는 '악한 자'는 '포네로스'라는 단어를 사용하였는데, 이 단어는 "슬픔, 불행한, 근심, 괴로워하는, 가련한, 무력한, 비참한, 파멸된, 성공하지 못한"의 의미를 가진다. 이 단어를 풀면 사람들이 세상을 중심으로 살다 보니 근심하는 자, 불행한 자, 불운한 자, 파멸한 자, 성공하지 못한 자, 무기력한 자, 그리고 영문으로는 심술궂은 자, 골이 난 자가 되어버렸다는 것이다. 한 마디로 나름대로 열심히 주어진 인생을 살았지만 결국 실패하고 망가져 버린 상태가 되어버린 것이다. 그러나 이것은 우리

모두의 모습이기도 하다. 다시 마태복음 5장에 나오는 사람들의 모습을 자세히 보면, 이들의 온전치 못한 모습은 확연하게 드러난다.

첫 번째 사람은 자기가 화난다고 당신의 뺨을 때리는 사람이다. 정상의 상태는 아니다. 무언가 억울한 일을 당했거나, 골이 나서 화풀이 할 대상이 필요한 사람이다.

두 번째 사람은 어떤가? 법정에 고발하여 당신의 속옷을 가지고자 하는 자이다. 다짜고짜 당신이 입고 있는 속옷을 빼앗으려고 법정에 고발하는 사람이다. 정상적인 사람이 아니다. 온전하지 않다. 이 사람은 분명 심술이 난 사람이거나 제대로 된 속옷 한 벌도 가지지 못한 가난한 사람이다.

세 번째 사람은 어떤가? "또 누구든지 너로 억지로 오리를 가게 하거든 그 사람과 십 리를 동행하고" 당신을 억지로 5리를 가게 하는 사람이다. 5리는 2km 정도 된다. 그렇게 먼 거리가 아니다. 그러나 이 정도의 거리도 혼자 걷기 두려운 사람이다. 이 온전치 못한 사람은 자신의 두려움 때문에 함께 걸어 줄 친구가 필요했다. 당신이 함께 걸어 주었다고 해서 혼자 돌아가는 당신의 외로움까지 고려할 사람도 아니다. 상대를 걱정했다면 부탁하지도 않았을 것이다. 그는 자신의 두려움밖에는 생각할 수 없는 사람이다. 온전치 못한 사람이다. 예수님은 이들에 대해 이렇게 말씀하신다.

"너희에게 이르노니, 마음이 악한 자를 대적하지 말라"

그러나 사실은 이렇게 말씀하고 있는 것이다.

"너희에게 이르노니
너희는 마음이 온전하지 못한 자를 대적하지 말라"

라고 말이다.

최선을 다했지만, 시험을 망치고 속상해하는 자녀를 달래 본 적이 있는가? 아이는 신경질을 내거나 엄마에게 소리를 지르기도 한다. 그러나 엄마는 딸을 대적할 수 없다. 지금 딸의 마음은 온전치 않고 심술이 났기 때문이다. 그러나 부모는 다시 온전하고 예쁜 딸로 돌아올 것을 믿기에 간식을 챙겨주고 기다린다. 그런데 이러한 딸의 모습이 바로 우리 모두의 모습인 것이다. 언제든지 우리도 불행하고 불운하여 심술궂은 자가 될 수 있다. 당신이 그렇게 될 때도 자상한 어머니와 아버지가 필요하다. 이 본문은 우리에게 이렇게 말씀한다.

"이같이 한즉 하늘에 계신 너희 아버지의 아들이 되리니"(45절)

우리가 온전치 못한 사람들을 부모의 마음으로 돌보아 주면 하나님은 내가 준 마음을 기억하신다. 이 말은 내가 세상에서 상처받고 심술궂게 되었을 때에 하나님도 나의 아버지가 되어 나의 심술들을 위로하고 진정시켜 주신다는 말이다. 다시 말씀을 살펴보자.

> 마지막으로 말하노니 너희가 다 마음을 같이하여
> 동정하며 형제를 사랑하며 불쌍히 여기며 겸손하며
> 악을 악으로, 욕을 욕으로 갚지 말고
> 도리어 복을 빌라
> 이를 위하여 너희가 부르심을 받았으니
> 이는 복을 이어받게 하려 하심이라
> (베드로 전서 3장 8-9절)

우리는 고난을 받고 심술궂게 된 자를 불쌍히 여기고 복을 빌어주어야 한다. 물론 우리는 심술궂은 자와 속이려는 자를 구별해야 한다. 사단은 아담과 하와를 속였다. 하나님과의 약속을 어기게 하고 아담과 하와를 망가트렸다. 우리는 간교한 뱀을 멀리해야 한다. 그러나 나처럼 심술궂게 된 사람은 돌보아야 한다.

기도 따라 하기

심술궂은 자에게도 아버지가 되어주신 하나님
저는 사람들에게 상처를 많이 받았습니다.
더 이상 친구를 만들고 싶은 생각이 없습니다.
그러나 나에게 상처를 준 사람의 심술도
나의 모습임을 알았습니다.
그들이 나에게 심술궂었으나
나도 누군가에게 심술궂었습니다.
그들의 심술과 나의 심술이 다른 것은
시간 차이일 뿐입니다.
저에게 다시 용기를 주사
온전치 못한 자의 아비가 되게 하시고
내가 심술이 많아지거든 주도 나를
불쌍히 여기사
인자한 아버지가 되어 주사
나의 심술들도 진정시켜 주소서

예수님의 이름으로 기도드립니다. 아멘

✦ 8. 삶을 지탱하는 방식 :
미니멀 메이커(minimal maker)가 되라

최근 유행한 '미니멀리스트'의 사전적 의미는 "필요 이상의 것은 완전히 억제하려는 사람"을 가리킨다. 미니멀리스트는 모든 물건들을 최대한 적게 소유하고 신경을 적게 쓰면서 스트레스로부터 멀어지려는 사람들이다.

2011년 3월 11일 동일본 대지진으로 쓰나미를 겪은 일본인들은 자신들의 소중한 물건들이 모두 물살에 떠내려가는 상실감을 겪었다. 추억의 사진이나 편지, 상장, 그림, 기념품, 모든 것이 파도에 쓸려갔다. 이러한 상처로 인하여 더 이상 물건들을 모으려 하지 않는 사람들이 생겨났다. 많이 모아 봐야 다시 잃어버릴 수 있기 때문이다. 그들은 수건도 한 장, 신발도, 양말도, 한 벌이면 족하다고 생각한다. 이들은 화초도 키우지 않거나 하나만 키운다. 화분 선물은 버리기도 한다. 더러워진 양말과 수건은 바로 빨아서 말리고 다음 날 사용한다. 이들은 소유로 인한 피로감과 감정 소모가 될 만한 물건들은 모두 버리기로 결심한 것이다. 그러나 당신이 외롭고 우울한 산을 넘고 있다면 '미니멀리스트'로 살지 말라. 모든 것이 한 개만 있다면 더 외롭지 않겠는가? 무언가 복잡해 보이는 것들을 관리하면서 단순하게 정리하라. 당신이 우울하다면 화분을 사라. 두세 개를 사도 좋다. 흙을 사고, 삽도 사라. 마음에 드는 꽃씨를 고르고 물 조리개를 사서 물을 주고 비료도 얹어주라. 햇빛을 비추어 주고, 예쁜 모래도 깔아 주라. 식물의 줄기가 기울면 지지대를 꽂아 묶어주고 화초에게 잘 자라라고 칭찬도 해 주라. 꽃이 피면 잘 정돈된 식탁 위에 올려놓고 사진도 찍고 자랑도 하라. 당신이 처음 피운 꽃에 누군가 관심을 가진다면 마음이 설렐 것이다. 꽃을 집에서 키우려면 준비할 것이 많고 복잡하다. 그러나 내가 키운 식물이 꽃이 되는 것을 본 사람은 그 노동을 복잡한 것으로 여기지 않는다.

> 사람들은 물을 것이다. "이 화초 키우기 어려워요?"
> 당신은 대답할 것이다. "아니요, 물만 주면 돼요."

맛있는 커피를 내리는 것이 얼마나 복잡한가? 그러나 사람들은 복잡함을 통해 재미를 느낀다. 그리고 재미있다면 그렇게 번거로운 일도 아니다. 그런 의미에서 미니멀리스트가 된다고 행복해지는 것이 아니다. 하나씩만 가진다고 마음이 단순해지는 것도 아니다. 단순하게 가지는 것이 중요한 것이 아니라, 복잡한 것을 단순하게 사고하는 것이 중요한 것이다. 예수님이 70명의 제자들을 둘씩 짝을 지어 전도를 보내면서 이렇게 말씀하신다.

> 너희 전대에 금이나 은이나 동을 가지지 말고
> 여행을 위하여 배낭이나 두 벌 옷이나
> 신이나 지팡이를 가지지 말라
> 이는 일꾼이 자기의 먹을 것을 받는 것이 마땅함이라
> (마태복음 10장 9~10절)

예수님은 제자들에게 돈주머니나 금이나 은이나 배낭이나 두 벌 옷이나 신발, 지팡이도 가져가지 말라고 말씀하신다. 전형적인 미니멀리스트의 삶을 요구하는 것처럼 보인다. 그러나 이 말씀은 아무것도 소유하지 않고 행복해지라는 말이 아니다. 그들은 아무것도 가지지 않는 것이 아니었다. 제자들은 방문한 집의 가족들로부터 먹을 것을 공급받는다. 때로는 옷도 신발도 여행경비도 공급받는다. 미니멀리스트라면 그들에게서 받은 돈이나 옷이나 신발이나, 무엇을 공급받든지 모두 버려야만 한다. 그러나 예수님은 그 공급받은 것들을 받아 사용하라고 말씀하신다.

> "여행을 위하여 배낭이나 두 벌 옷이나
> 신이나 지팡이를 가지지 말라

> 이는 일꾼이 자기의 먹을 것을 받는 것이 마땅함이라"

이들이 미니멀리스트처럼 보이지만 엄밀히 살펴보면 미니멀리스트가 아니다. 왜냐하면 그들이 사람들로부터 공급받은 옷이나 신발이나 먹을 것들을 버리지 않고 소유하고 여행을 위해 사용하였기 때문이다. 왜 그런가? 제자들에게 요구한 것이 '미니멀리스트'가 아니라, '미니멀 메이커'였기 때문이다. 제자들은 백성들의 마음에 평안을 만들어 주기 위해 최대한 단순한 마음으로 출발해야 했다. 여행자가 너무 많은 것을 가방에 넣으려 한다면 염려가 많아지기 때문이다. 그래서 그들에게 무소유는 목적이 아니었다. 무소유는 출발 에너지를 평강으로 채우기 위한 수단일 뿐이었다. 요한복음 4장5절을 보면, 예수님의 그러한 의도는 명확해진다.

> "어느 집에 들어가든지 먼저 말하되
> 이 집이 평안할지어다 하라"

제자들은 어느 집이든 들어가자마자, 가장 먼저 "평안할지어다."라고 말하면서 집 안으로 들어갔다. 다른 불순한 표현이 들어갈 1초도 용납하지 않았다. 제자들이 평안을 선포하고 위로의 말씀을 전하자, 가족들은 은혜로 적셔졌고 고마운 생각에 마음은 넉넉해졌다. 그리고 제자들이 떠날 때 필요한 것들을 공급해 주었다. 제자들은 그것을 먹고 소유하였고 다음 여행을 근심 없이 시작할 수 있었다.

자주 가는 감자탕집이 있다. 단골이 되어 아주머니를 잘 알게 되었는데, 자기는 이제 쉬고 싶어도 사장님이 놓아주지 않는다는 것이다. 함께 일하는 젊은 직원들이 서로 자주 다투고 성실하지 않아 아주머니가 꼭 필요하다는 것이다. 사장님이 자기에게 원하는 것은 직원들이 다투지 않도록 갈등과 불평을 조율하는 일이다. 사장님은 그녀에게 항상 이런 말을 한다.

> "좋은 분위기를 만들어 줄 사람이
> 아줌마밖에 없어서 그래요.
> 그러니 딴 데 갈 생각 하지 마세요."

직원들은 아주머니를 보면서 적절한 권위와 평안을 느낀다. 그래서 그곳에서 식사하는 사람들은 즐겁다. 그녀는 매일 아침 가게에 들어와 혼자 기도로 하루를 시작한다. 그녀가 직원들에게 하는 것을 옆에서 지켜보았다. 그녀는 직원들에게 실수해도 괜찮으니 걱정하지 말고 자기를 부르라고 말했다. 그리고 모든 문제들을 논쟁 없이 단순하게 자신이 처리하였다.

예수님은 제자들에게 이렇게 말씀하신다

> 평안을 너희에게 끼치노니 곧 나의 평안을 너희에게 주노라
> 내가 너희에게 주는 것은 세상이 주는 것 같지 아니하니라
> 너희는 마음에 근심도 말고 두려워하지도 말라
>
> (요한복음 14:27 KRV)

예수님이 얼마나 단순하게 근심과 두려움을 해결하는가?

예수님은 평안을 가르치지 않는다. 예수님은 자기 안에 있는 평안을 단순히 꺼내어 주신다. 평안은 가르칠 수 없다.

평안은 내 마음에 만들어 놓은 천국을 단순히 꺼내오는 것이다. 예수님은 이렇게 말씀하기도 하셨다.

> 예수께서 이르시되 그러므로 천국의 제자 된 서기관마다
> 마치 새것과 옛것을 그 곳간에서 내오는 집주인과 같으니라
>
> (마태복음 13장 52절)

천국의 제자는 단순히 새것과 옛것을 가지고 나온다. 만약 당신이 경험한 모든 옛것과 새것을 평안으로 바꾸어 저장할 수 있다면, 그 경험들은 무엇이든 다시 꺼내놓는 대로 주변 사람들에게 좋은 양식이 된다. 그렇게 당신이 곳간의 입술을 열면 애쓰지 않아도 평화가 만들어진다.

기도 따라 하기

평강을 내어 오시는 하나님

내 안에 있는 근심과 염려는 무소유로도

사라지지 않음을 알았습니다.

저에게 필요한 것은

내 안에 있는 옛것도 새것도

치료받는 것입니다.

그래서 나의 곳간이 평안으로

가득 채워지는 것입니다.

평안은 가르치는 것이 아니라

만들어 놓은 것을 단순히

꺼내오는 것이니 주의 평안을 나에게 먼저 꺼내어 주소서

그렇게 내가 채워지면

나도 입술을 열 때마다

저들에게 평안을 주게 하소서

예수님의 이름으로 기도드립니다. 아멘

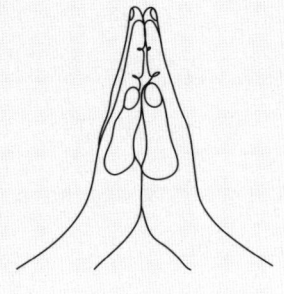

3부

미래를 위한 제안

9. 내일의 응답은 엉뚱한 곳에 있다. 그것은 '열심'보다는 오늘 나를 '씻는 것'에 있다. 오염된 마음으로 노력하지 말라. 간절히 회개하고 고백하여 마음을 씻는 것에 집중하라. 그것만으로도 주의 기이한 도우심을 얻을 것이다.

10. 포유류인 고래는 물속에서 숨을 쉴 수 없다. 고래가 쉬지 않고 물 밖으로 주둥이를 내밀고 자주 숨을 쉬는 것은 물속에서 더 행복하게 먹이활동을 하려는 것이다. 사람도 마찬가지다. 기도하지 않고 열심히 사는 것은 숨을 쉬지 않고 행복해지려는 것과 같다.

11. 아픔의 시간을 혼자 구석진 곳에서 믿음으로 견뎌냈다면 그 시간은 헛되지 않았다. 당신은 느끼지 못했을지라도 하나님은 당신의 상처가 괜찮은지 자주 들여다보셨다. 그리고 그렇게 당신을 내려다보는 동안 당신의 친구가 되기로 결심하셨다.

✷ 9. 내일을 잘 사는 방법 : 오늘 깨끗하여지라

여러분은 이제, '미니멀 메이커'가 되어야 함을 알았다. 그러나 당신이 이것을 지속하려면, 주님이 제안하는 '내일'이 무엇인지 깨달아야 한다. 예수님은 천국에 대해서 가르치신 후에 이렇게 말씀하신다.

> "그러므로 내일 일을 위하여 염려하지 말라
> 내일 일은 내일이 염려할 것이요
> 한 날의 괴로움은 그날로 족하니라"(마태복음 6:34)

이 말씀은 내일에 대한 새로운 생각을 제시한다. 이 말씀은 내일 일은 내일이 되어서 염려하라는 말이 아니다. 이 말씀은 내일 일은 내일이 스스로 염려해 준다는 말이다. 헬라어 원문에서도 "헤 아우테스"가 사용되었는데 "스스로를 위하여"라는 의미이다. 다시 말하면 "내일은 내일이라는 존재가 스스로 염려할 것이다."라고 표현한 것이다. NASB 영어 성경에서도 이렇게 번역한다.

"So do not worry about tomorrow; for tomorrow will care for itself", "내일에 관하여는 걱정하지 말거라. 내일을 위하여 그것 스스로

가 돌 볼 것이다."

이 말씀대로라면 우리는 이렇게 말해야 한다.

> "나는 내일 일을 걱정하지 않을 거야!
> 분명히 내일이 되면, 내일 스스로가 나를 돌보아
> 주기 때문이지…"

내일이 되면 내일 스스로가 당신을 열심히 도와주고 싶어 한다. 여기서 '내일'은 당신을 도우려는 존재 '하나님'을 의미한다. 그런 의미에서 하나님은 내일의 주인이시다. 그러나 당신이 내일의 주인에게 도움을 받기 원한다면 중요한 마음가짐이 하나가 있다. 그것은 거룩함이다. 거룩함은 구별되려는 마음이다. 세상이 나에게 준 부정적인 것들로부터 떨어져 나와야 한다. 분노, 낙심, 근심, 원망, 미움, 슬픔 그리고 탐욕과 부정한 생각들로부터 빠져나와야 한다. 그것이 거룩함이고, 그럴 때 '내일'이 당신을 도울 수 있다. 여호수아는 백성들에게 이렇게 말했다.

> 여호수아가 또 백성에게 이르되 너희는
> 자신을 성결하게 하라
> 여호와께서 내일 너희 가운데에 기이한 일들을 행하시리라

(여호수아 3장 5절)

우리가 깨달아야 할 단순한 진리가 여기에 있다. 내일을 열심히 사는 것보다 더 중요한 것은 세상에서 더러워진 마음을 오늘 주님 앞에서 씻는 일이다. 그래서 하나님의 기이한 도움은 엉뚱한 것에 있다. 그것은 "열심히 사는 것"보다, 오늘 나를 "씻는 것"에 있다. 오염된 마음으로 노력하지 말라. 간절히 기도하여 마음을 씻고 청결하게 만들라. 그리고 착하고 밝은 마음으로 내일 도우실 하나님을 대면하라. 예수님은 이렇게 말씀하셨다.

마음이 청결한 자는 복이 있나니
저희가 하나님의 얼굴을 볼 것임이라.
(마태복음 5장 8절)

사람들은 마음을 청결하게 만드는 것이 복이 된다는 것을 잊을 때가 많다.

어릴 때 넘어져 무릎에 상처가 나면 양호실에서 무엇을 발라 주었던가? 값비싼 영양 로션인가? 아니면 구하기 쉬운 빨간약이던가? 영양제는 건조해진 피부에 바르는 것이지, 상처 난 곳에 바르면 염증만 더욱

심해진다. 상처에는 소독제만 잘 발라주어도 신기하게 새살이 돋아난다. 하나님의 요구는 단순하다. 그것은 상하고 더러워진 마음의 균들을 오늘 모두 소독하는 것이다. 그리고 내일은 내 가슴에 돋아난 새살로 다시 살아가는 것이다. 그리고 그 소독제는 하나님이 당신의 마음에 발라주시는 위로와 은혜의 말씀이다. 바울 사도는 제자 디모데에게 이렇게 가르친다.

> 하나님의 말씀과 기도로 거룩하여짐이라
> (디모데전서 4장 5절)

그리고 예수님은 이렇게 말씀하셨다.

> 그들을 진리로 거룩하게 하옵소서
> 아버지의 말씀은 진리니이다
> (요한복음 17장 17절)

상처 난 곳에 빨간약(포비돈)이 진리라면 내 마음의 상처를 소독하는 진리는 하나님의 말씀인 것이다. 오늘도 나를 위한 진리를 얻어 마음을 맑게 소독하라. 그러면 내일은 당신에게 기이한 일들을 행하실 수 있을 것이다.

기도 따라 하기

내일의 주인이신 하나님

어떠한 내일이 나에게 몰려올지라도 주께서

나의 내일을 돕기 원하신다는 것을 알았습니다.

내일도 저는 어떻게 이겨내고 살아야 할지 모르나

주께서 돌보신다 하오니 힘을 낼 것입니다

무엇보다 주님이 지금 원하시는 것은 마음의 청결함이오니

내 안에 있는 미움, 분노, 교만, 염려, 욕심

그리고 불안함까지도 회개합니다.

이제 나의 더러워진 마음을 정결하게 하소서

그리고 내일은 주께서 행하실 기이한 일들을

보게 하여 주시옵소서

예수님의 이름으로 기도드립니다. 아멘

✦ 10. 아름다운 인생을 원하는가? : 건강에 초점을 맞추라

사람들은 풍요로운 인생을 살기 위해 배우고 능력을 쌓고 성공하려고 한다. 그러나 그것이 우리의 인생을 아름답게 만들지는 않는다. 예수님은 인생을 걱정하는 사람들에게 이렇게 말씀하신다.

> 너희가 어찌 의복을 위하여 염려하느냐 들의 백합화가 어떻게
> 자라는가 생각하여 보라 수고도 아니하고
> 길쌈도 아니 하느니라
> 그러나 내가 너희에게 말하노니 솔로몬의 모든 영광으로도
> 입은 것이 이 꽃 하나만 같지 못하였느니라"
> (마태복음 6장 28-29절)

백합화가 길쌈도 안 한다는 말은 영어로는 'They do not labor or spin'이다. 'labor'는 '노동하다'라는 뜻이 있지만 임산부가 '산고를 겪다'라는 의미도 있다. 'spin'은 '천을 짜다'라는 의미를 가지고 있다. 그런데 백합의 씨앗은 아름다운 꽃이 되기 위해 산고의 고통을 겪지 않는다. 자신을 재봉하고 천을 짜듯 고생하며 꽃을 만들지도 않는다. 씨앗

이 건강하다면 적당한 햇빛과 물만으로도 백합은 신이 설계한 아름다운 자태로 꽃을 피운다. 하나님이 이미 백합의 씨앗 속에 아름답고 완벽한 설계도를 완성해 놓았기 때문이다.

사람도 마찬가지다. 우리는 인생을 아름답게 만들기 위해 억지로 천을 짜지 않아도 된다. 노력하지 말라는 말이 아니다. 건강한 자는 신의 설계대로 수고하게 되고 결국 완성되기 때문이다. 아기의 탄생도 마찬가지다. 아기는 자신의 복잡한 탄생과 성장을 위해 노력하지 않는다. 엄마 역시 아기를 수놓아 만드느라 애쓰지 않는다. 엄마는 오직 자신의 건강을 위해 좋은 것을 먹고 마음을 편하게 하면 된다. 그것만으로도 엄마의 몸은 창조주가 설계한 대로 수고하고 사랑스러운 아기를 만들어 낸다.

우리 인생의 여정도 그렇다. 창조주는 건강함을 통해 당신의 인생을 아름답게 만들어 내려고 하신다. 무엇보다 당신이 집중해야 하는 것은 영혼의 건강함이다. 상처받고 속상했던 사건들을 기억하며 분노하는 것은 당신을 위해 계획한 신의 설계도를 스스로 불태우는 것과 같다. 요한 사도는 영혼의 건강에 대해서 이렇게 말한다.

사랑하는 자여 네 영혼이 잘됨 같이 네가

> 범사에 잘되고 강건하기를 내가 간구하노라
> (요한 3서 1장 2절)

내 영혼이 잘 되면 범사에 잘 되고 강건해진다. '범사'는 헬라어로 '파스'라고 하는데, 이 단어는 '온갖 종류의 모든 것'이라는 의미이다. 당신에게 벌어지는 온갖 종류의 모든 사건마다 당신의 영혼을 신속히 치료받고 건강하게 하라. 그것이야말로 정말 잘 되는 인생이다. 사기를 당해도, 이혼을 당해도, 연인이 바람을 피워도, 섭섭한 소리를 들어도, 배신을 당해도, 사업이 망해도, 가까운 사람이 먼저 떠나도, 삶이 지치고 한숨이 나와도, 우리는 영혼의 건강을 회복하는데 집중해야 한다. 여기서 '잘 됨'은 헬라어로 '유오도오'라고 한다. '좋은 길로 이끌다'라는 의미이다. 아무리 엉망이 되어도 내 영혼을 좋은 길로 이끌어야 하는 것이다. 그러면 어떻게 해야 내 영혼을 좋은 길로 이끄는가? 바울은 하나님이 제안하신 방법을 이렇게 설명한다.

> "항상 기뻐하라 쉬지 말고 기도하라 범사에 감사하라
> 이것이 그리스도 예수 안에서 너희를 향하신
> 하나님의 뜻이니라"
> (데살로니가 전서5장 16-18절)

창조주가 당신에게 원하는 건강의 방법은 온갖 사건의 끄트머리에서 기쁨과 감사와 기도를 쉬지 않는 것이다. 그중에서도 먼저 시작할 것은 "쉬지 말고 기도하는 일"이다. 그런데 어떻게 쉬지 말고 기도하라는 것인가? 사람이 쉬지 않고 기도할 수 있는가? 밥도 먹어야 하고 주어진 일도 해야 한다. 우리는 쉬지 않고 기도할 수 없다. 그러나 그것은 우리가 기도를 노동으로 생각하기 때문이다. 기도는 노동이 아니다. 왜냐하면 하나님은 쉬지 않고 기도할 때마다 쉼을 주겠다고 약속하였기 때문이다.

> "수고하고 무거운 짐 진 자들아
> 다 내게로 오라
> 내가 너희를 쉬게 하리라"
> (마11:28)

우리가 쉬지 않고 주님께 다가가 기도한다면 주님은 당신의 무거운 사건마다 쉼을 주신다. 그래서 쉬지 않고 기도하는 자는 지치는 것이 아니라, 더 많은 쉼을 얻게 되는 것이다. 결과적으로 쉬지 말고 기도하는 것은 어려운 것이 아니라 모든 것이 쉬워지는 것이다.

포유류인 고래는 물속에서 숨을 쉴 수 없다. 고래가 쉬지 않고 물 밖으로 주둥이를 내밀고 자주 숨을 쉬는 것은 물속에서 좀 더 행복한 상태로 먹이활동을 하려는 것이다. 사람도 마찬가지다. 기도하지 않고 열심히 사는 것은 숨을 쉬지 않고 행복해지려는 것과 같다. 잘 살기 원하는가? 당신의 온갖 숨이 막히는 일마다, 기도의 숨을 쉬라. 그러면 당신의 마음은 산소로 가득해질 것이고 답답했던 가슴은 시원해질 것이다. 그리고 신의 설계대로 당신은 아름다운 사람이 될 것이다.

기도 따라 하기

나를 항상 지켜보신 하나님
저는 열심히 산다고 살았지만
내 마음은 지치고 인생은 아름답지 못했습니다.
이미 주께서 나를 아름답게 설계하셨는데,
저는 내 계획대로 살다가
이제는 숨이 막힐 지경이 되었습니다.
이제 나의 열심을 내려놓고
기도의 숨을 쉬려고 합니다.
쉬지 않고 기도하는 자는
지치는 것이 아니라, 더 많은 쉼을 얻게
되는 것을 알았습니다.
기도하는 것이 노동이 아니라
휴식이라는 것도 알았습니다.
이제는 기도할 것입니다. 그러니 기도할 때 마다
나를 건강하게 하시고
주의 설계대로 아름답게
만들어 주소서.

예수님의 이름으로 기도드립니다. 아멘

✦ 11. 하나님과 친구가 되는 방법 : 믿음으로 견디라

얼마 전 집에서 키우던 '난주'라는 금붕어가 병에 걸린 것을 발견했다. 등 부분이 전부 빨갛게 피가 맺혀 있었고 배 부분도 상처가 있었다. 자문을 얻어 소금 목욕을 시키고 소독약을 등에 발라주고 항생제를 물에 섞어 주었다. 하지만 회복을 크게 기대하지는 않았다. 이렇게 온몸에 피가 맺힌 경우에는 보통 하루 만에 죽기 때문이다. 그래서 더 자주 들여다보았다. 그런데 기특하게도 이 물고기는 어항의 한구석에서 몸을 파르르 떨면서 사흘간을 버텨내고 있었다. 마치 내가 발라준 것이 자기를 위한 약이라는 것을 아는 듯했다. 다음 날이었다. 등의 피맺힘은 사라졌다. 그런데 5일째 되던 날 너덜너덜한 등의 살점을 매단 채, 뻐끔거리면서 밥을 달라고 나에게 다가오는 것이 아닌가? 그렇게 아프던 물고기가 나를 향해 다가오니 기특한 마음에 내 눈에 눈물이 살짝 고였다. 나도 모르게 난주에게 말을 걸었다. "견뎌내어 주어서 고맙다" 그리고 그에게 이름을 지어주었다. 넌 이제 "견딤이"다. "견딤아 살아줘서 참 고맙고 잘했다." 나는 내 평생에 물고기에게 고맙다는 표현을 쓰게 될 줄은 상상하지 못했다. 그 이후로 난주는 친구처럼 나와 가까워졌다. 그는 나를 알아보고 나도 그를 쉽게 알아본다. 하나님도 당신에게 쓰린 약을 발라주고 회복을 기다리실 때가 있다. 그리고 더 자주 당신을 들여다보신다. 당신이 겪는 쓰라린 아픔은 죽이기 위함이 아니다. 하나님은 당신이 잘 견디어 내고 곧 다가와 먹을 것을 달라며 입을 열기를 간절히 기다리신다. 그리고 당신이 밥을 달라고 하나님께 다가갔다면 그것은 이미 당신이 치료받은 증거이다.

아브라함은 아들을 얻기 위해 광야에서 인내와 기다림의 시간을 25년이나 가진다. 그는 본처인 사라가 구십 세가 되었을 때 아들 이삭을 겨우 얻게 된다. 그런데 아브라함은 다시 이삭을 하나님께 바치라는 명령을 받는다. 그의 믿음을 시험해 보려는 것이었다. 아브라함은 이삭을 제물로 바치기 위해 모든 채비를 하고 기도하며 모리아 산을 오른다. 산을 오를 때, 얼마나 괴롭고 힘들었겠는가? 그러나 산꼭대기에 도착하여 아들을 바치려고 하자, 하나님은 그를 막으신다. 그리고 믿음의 시험을 견디낸 아브라함에게 이렇게 말씀하신다

> 이에 성경에 이른바 아브라함이 하나님을 믿으니
> 이것을 의로 여기셨다는 말씀이 이루어졌고
> 그는 하나님의 벗이라 칭함을 받았느니라.
> (야고보서 2장 21-23절)

신의 회복을 믿고 시험을 잘 견뎌낸 자에게는 두 가지 선물이 있다. 하나는 '잘했다'라고 인정해 주시는 칭찬이고 또 하나는 주님과 친구가 되는 것이다. 아픔의 시간을 혼자 구석진 곳에서 믿음으로 견뎌냈다면 그 시간은 헛되지 않았다. 당신이 느끼지 못했을지라도 하나님은 당신의 상처가 괜찮은지 자주 들여다보셨다. 그리고 그렇게 당신을 내려다보는 동안 당신의 친구가 되기로 결심하셨다.

기도 따라 하기

나의 아픈 모습을 들여다보신 하나님 아버지
저는 혼자 견디는 시간이 많았습니다.
그런데 내가 이렇게 믿음으로 견디고
있는 것만으로도 주님께서
"고맙다", 잘했다"
말씀해 주실 것이라고
저는 생각하지 못하였습니다.
주님은 내가 혼자 떨고 있을 때에도
저를 매일 들여다보셨습니다.
그리고 이제는 너덜거리는 아픔의 흔적
그대로 헤엄쳐
당신께 나아갑니다
그리고 이제,
나에게도 말씀하여 주소서.
"살아줘서 고맙다. 참 잘했다.
너는 나의 벗이다."

예수님의 이름으로 기도드립니다. 아멘